Ernst Probst

Theda Bara - Der erste Vamp des Kinos

Ernst Probst

Theda Bara - Der erste Vamp des Kinos

GRIN Verlag

Bibliografische Information der Deutschen Nationalbibliothek: Die Deutsche Bibliothek verzeichnet diese Publikation in der Deutschen Nationalbibliografie; detaillierte bibliografische Daten sind im Internet über http://dnb.d-nb.de/ abrufbar.

1. Auflage 2012
Copyright © 2012 GRIN Verlag GmbH
http://www.grin.com
Druck und Bindung: Books on Demand GmbH, Norderstedt Germany
ISBN 978-3-656-21279-9

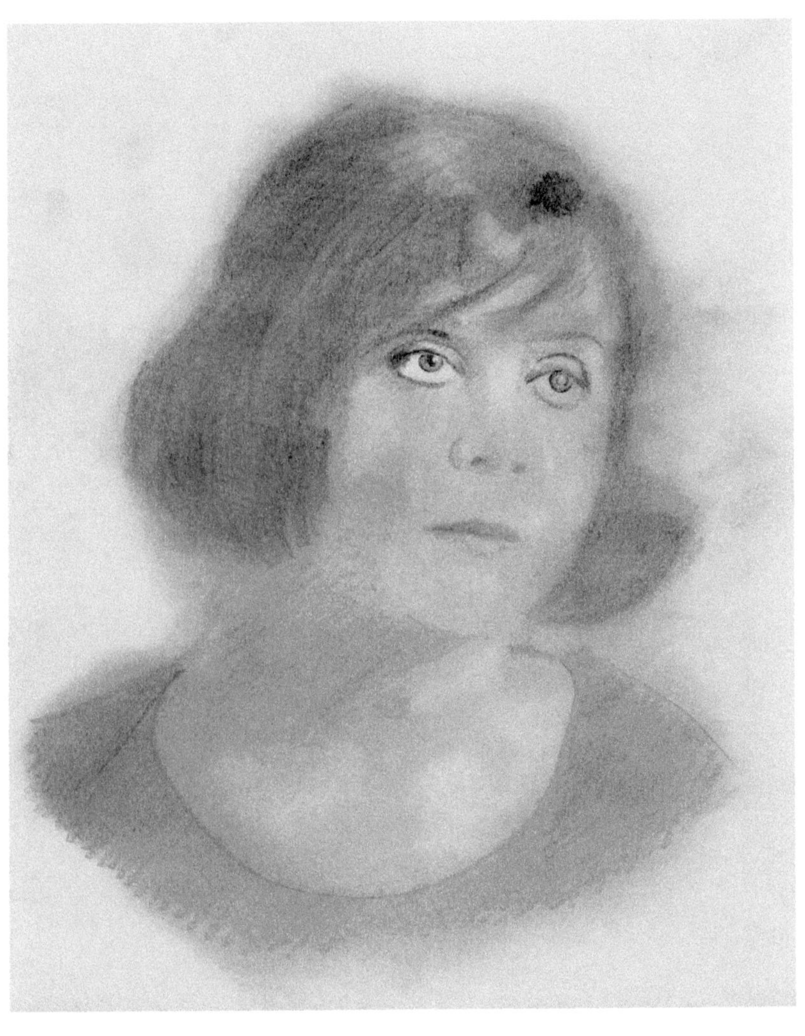

Theda Bara (1885–1955),
Zeichnung von Marc Heiko Ulrich, Kunstzeichner.de

Ernst Probst

Theda Bara

Der erste Vamp
des Kinos

Theda Bara

Der erste Vamp des Kinos

Allererste Sexgöttin", „erstes Sexsymbol des Stummfilms und „erster Vamp des amerikanischen Kinos" – so nennt man die Schauspielerin Theda Bara (1885–1955), die eigentlich Theodosia Burr Goodman hieß. Sie agierte von 1914 bis 1919 in mehr als 40 Filmen auf der Kinoleinwand. Während dieser fünf Jahre war sie eine beispiellose Sensation. Damals sind in den USA lediglich Mary Pickford (1892–1979) und Charlie Chaplin (1889–1977) noch populärer gewesen. Heute wundern sich Kritiker eher über ihren Erfolg.
Theodosia Burr Goodman kam vermutlich am 20. Juli 1885 in Avondale, einem Vorort von Cincinnati (Ohio), zur Welt. In manchen ihrer Biografien werden auch der 29. Juli 1890 oder der 22. Juli 1892 als Geburtstag genannt. Vielleicht hatte sie sich als erwachsene Frau – wie andere weibliche Filmstars – um einige Jahre jünger machen wollen.
Die Eltern von Theodosia haben 1882 geheiratet. Der Vater Bernard Goodman (1853–1936) war ein in Polen geborener wohlhabender jüdischer Schneider. Die Mutter Pauline Louise Françoise de Coppet (1861–1957) stammte aus der Schweiz. Thea hatte einen

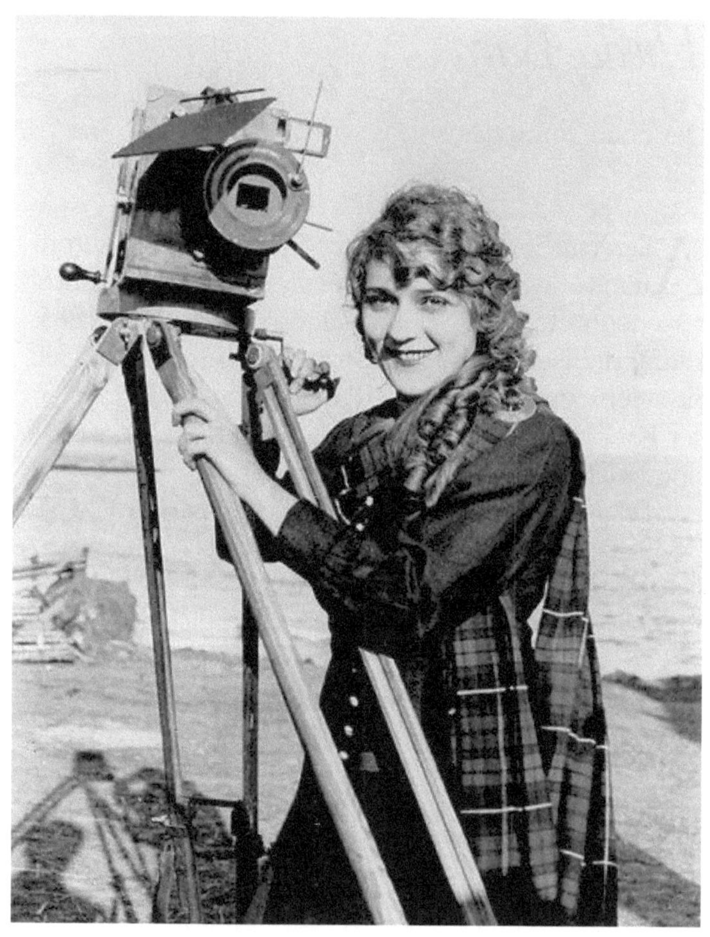

Mary Pickford (1892–1979)

jüngeren Bruder namens Marque (1888–1954) und eine jüngere Schwester Esther (1897–1965), die später unter dem Künstlernamen Lori Bara ebenfalls Filmschauspielerin wurde. Lori hatte allerdings auf der Kinoleinwand weitaus weniger Erfolg als ihre Schwester Bara. Die Filmdatenbank „Internet Movie Database" erwähnt für 1925 und 1926 nur zwei Filme von ihr.

Dass Theda Bara im Schatten der Pyramiden in Ägypten als Tochter eines italienischen Künstlers und einer französischen Schauspielerin geboren worden sein soll, erfand ihr Filmstudio erst 30 Jahre später. Damit wollte man sie beim Publikum geheimnisvoller und interessanter machen. In Wirklichkeit war sie nie in Ägypten gewesen und auch nicht in Frankreich, wo sie angeblich Theaterschauspielerin werden wollte.

Im Gegensatz zu vielen anderen Stummfilmstars ihrer Zeit erlebte Theodosia Goodman, deren Kosename „Theda" hieß, eine glückliche Kindheit. Von 1899 bis 1903 besuchte sie die „Walnut Hills High School" in ihrem Geburtsort Cincinnati. Nachdem sie das Abitur abgelegt hatte, färbte sie ihre blonden Haare schwarz. Von 1903 bis 1905 studierte sie an der „University of Cincinnati". Nach ihrem Studium las sie ihr Leben lang eifrig Bücher und interessierte sich vor allem für Philosophie und Psychologie.

Von Kindheit an begeisterte sich Theodosia Goodman für das Theater. Zum Missfallen ihres Vaters beendete sie 1905 ihr Studium und strebte eine Schauspielerkarriere an. Von 1905 bis 1914 bemühte sie sich unter dem Künstlernamen „Theodosia de Coppet", der auf dem Mädchennamen ihrer Mutter basierte, vergeblich, ein Star zu werden.

1908 zog Theodosia nach New York City. Im selben Jahr feierte sie in dem Stück „The Devil" ihr Debüt auf der Theaterbühne am Broadway in New York City. 1911 schloss sie sich einer Wanderbühne an. Zurück in New York City klapperte sie Casting-Büros auf der Suche nach Arbeit ab. Dabei ergatterte sie eine winzige Rolle im Stummfilm „The Stain" (1914). Ihre Gage betrug 150 US-Dollar pro Drehwoche. In diesem Streifen befand sie sich so allerdings so weit im Hintergrund, dass man sie kaum bemerkte.

Die Filmkarriere der 1,68 Meter großen Theda Bara bekam 1915, als sie knapp 30 Jahre alt war, einen gehörigen Schub. Damals engagierte die von dem Produzenten William Fox (1879–1952) gegründete „Fox Film Corporation" die bis dahin weitgehend unbekannte Schauspielerin für die weibliche Hauptrolle als Vampir in „A Fool There Was" (1915). Ihre Gage betrug erneut 150 US-Dollar pro Woche. Der Stummfilm A Fool There Was" beruhte auf dem Gedicht „The Vampire" des britischen Schriftstellers Rudyard Kipling (1865–1936).

Für die damalige Zeit war „A Fool There Was" ein sehr gewagter Streifen. Laut Online-Lexikon „Wikipedia" spiegelt er die Angst einer von viktorianischen Mo-

ralvorstellungen geprägten Gesellschaft vor der unge-
zügelten weiblichen Sexualität wider. Theda Bara mimte
eine verruchte Frau, die bislang unbescholtene Männer
verführt und zugrunde richtet. Ihr jüngstes Opfer lernte
sie auf einem Ozeandampfer kennen. Dank ihres un-
gehemmten Sexappeals machte sie es gefügig. Sämtliche
Bemühungen der Familie des Mannes, ihn aus der Ab-
hängigkeit des Vamps zu befreien, schlugen fehl. Zum
Schluss stirbt der Mann. In der letzten Szene streut Theda Bara Blütenblätter auf den Leichnam und lächelt
geheimnisvoll. Im Untertitel erschien dazu der Aus-
spruch „Kiss Me, my Fool!" („Küsse mich, mein
Narr!").
Dieser Film erwies sich als großer finanzieller Erfolg.
William Fox startete eine bis dahin beispiellose Wer-
bekampagne für seine Neuentdeckung. In Presse-
meldungen erfuhr man, das Pseudonym „Theda Bara"
sei ein Anagram von „Arab Death". In Wirklichkeit
war der Vorname Theda bereits in ihrer Kinderzeit ein
Spitzname für ihren eigentlichen Vornamen Theodosia
und der Nachname Bara die Kurzform des Familien-
namens Barranger ihres Großvaters mütterlicherseits.
Es hieß auch, Theda sei von Wüstenstämmen entführt
und mit Schlangenblut ernährt worden. Sie besitze die
Gabe der Prophetin. Ihr unstillbarer sexueller Appetit
auf der Kinoleinwand finde in ihrem Privatleben seine
Entsprechung. Auf Fotos präsentierte man sie oft
halbnackt in erotischen Posen und teilweise mit

magischen Symbolen wie Totenschädeln, Skeletten und Raben. Weil die Filmzensur erst Mitte der 1920-er Jahre verschärft wurde, waren anzügliche Aufmachungen und sexuell provokante Szenen möglich.

Danach sah man die über Nacht berühmt gewordene Theda Bara unter anderem als rachsüchtiger Vampir in „The Devil's Daughter" (1915) und als mitleidslose russische Bäuerin in „The Serpent" (1916). In „Carmen" (1915), „Romeo and Juliet" (1916), „Cleopatra" (1917), „Madame Du Barry" (1917) und „Salome" (1918) verkörperte sie Gestalten aus Geschichte und Literatur.

„Cleopatra" gilt als einer der erfolgreichsten Stummfilme von Theda Bara. Für ihre Hauptrolle darin erhielt sie eine fürstliche Gage von 4.000 US-Dollar pro Woche. Der Streifen „Cleopatra" ist verschollen. Aber es existieren noch zahlreiche Fotos von Bara in ihrer Rolle als exotische Königin im alten Ägypten. Eine Aufnahme aus „Cleopatra" von Theda gilt in den USA als erstes Pin-up-Foto. Wenn man dieses Bild der für damalige Verhältnisse ungewohnt dünn gewandeten Schauspielerin heute betrachtet, wundert man sich, warum sich die Männer seinerzeit darüber aufregten. Die Schöne selbst fühlte sich offenbar in ihrer Aufmachung nicht ganz wohl. In der Werbung für „Cleopatra" wurde behauptet, Theda sei im gleichen Sternkreiszeichen wie Cleopatra geborgen worden. Doch Theda war ein Löwe und Cleopatra ein Steinbock. Ab 1917 benutzte sie statt Goodman offiziell den Familiennamen Bara.

Bald trug Theda Bara den Spitznamen „The Vamp"
(„der Vamp" = kurz für Vampir). Der Begriff „Vamp"
beschreibt den Filmtyp der verführerischen, kalt berech-
nenden Frau, für die sich Männer oft zugrunde richten.
Als Vamps in den frühen Jahren des Stummfilms gelten
außer Theda Bara auch Valeska Suratt (1882–1962) und
Musidora (1889–1957), eigentlich Jeanne Roques. Zu
den Nachahmerinnen rechnet man Olga Petrova (1884–
1977), Virginia Pearson (1886–1958), Rosemary Theby
(1892–1973), Louise Glaum (1888–1970), Betty Blythe
(1893–1972), Barbara La Marr (1896–1926), Carmel
Myers (1899–1980), Nita Naldi (1894–1961) und Pola
Negri (1897–1987).
Die „Fox"-Presseleute John Goldfrap und Al Selig
erfanden für jede neue Filmrolle von Theda Bara eine
neue Familiengeschichte und diese spielte mit. Ver-
schleiert, in seidene Gewänder gehüllt, eine Python-
schlange streichelnd oder an rohem Fleisch und Salat
knabbernd präsentierte sie sich bei Hunderten von mehr
oder minder albernen Pressekonferenzen.
Manche Zeitgenossen von Theda Bara glaubten, diese
sei auch im Privatleben so verrucht wie in ihren Filmen
und tatsächlich die „lasterhafteste Frau der Welt" wie
in der Werbung. So kam es dazu, dass man sie in
vornehmen Restaurants nicht bedienen und ihren
Ehemann nach einem Unfall nicht im Krankenhaus
aufnehmen wollte. Doch in Wirklichkeit war Theda eine
ruhige, zurückhaltende Frau, die man eher in einer

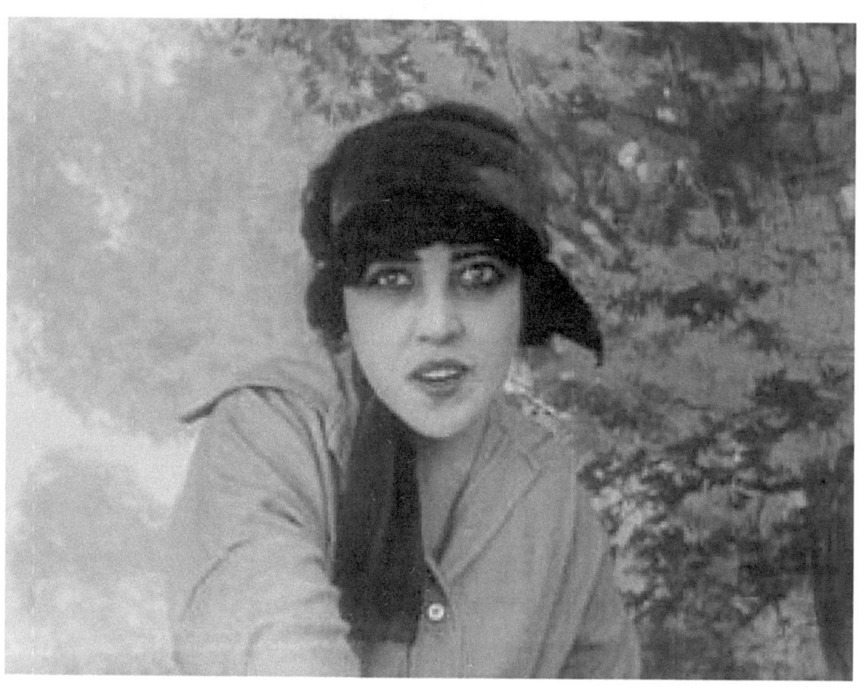

Musidora (1889–1957)

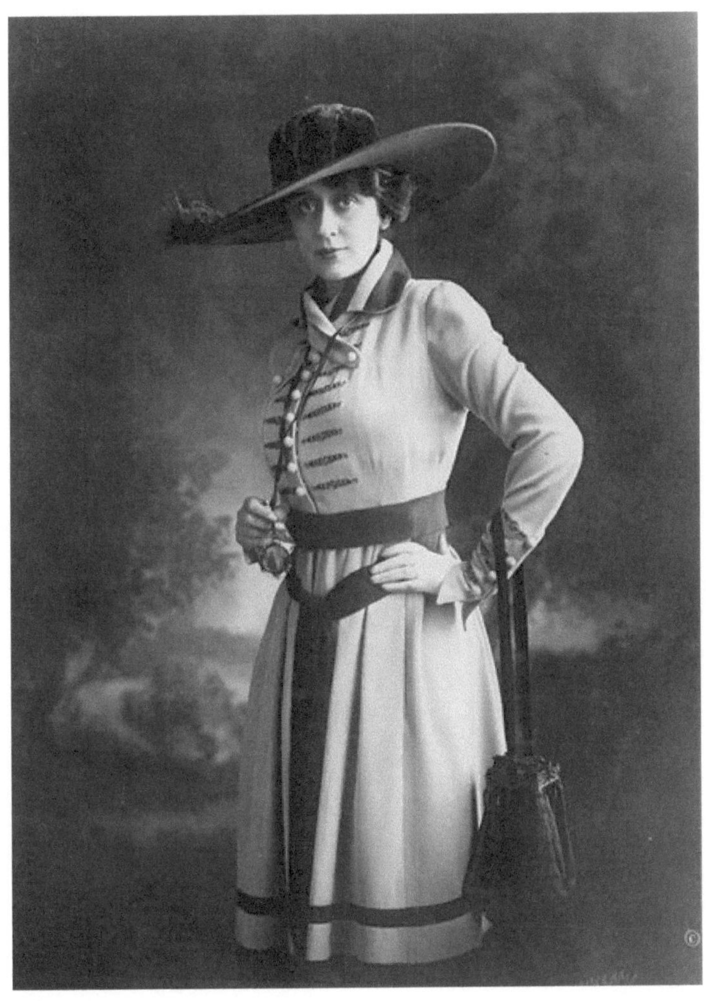

Olga Petrova (1884–1977)

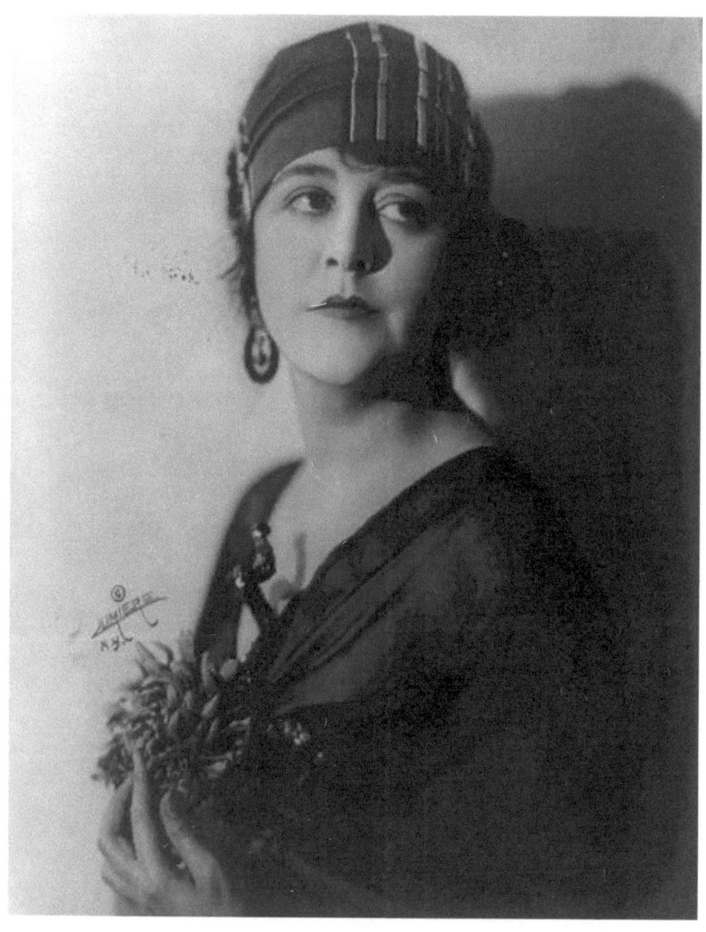

Virginia Pearson (1886–1958)

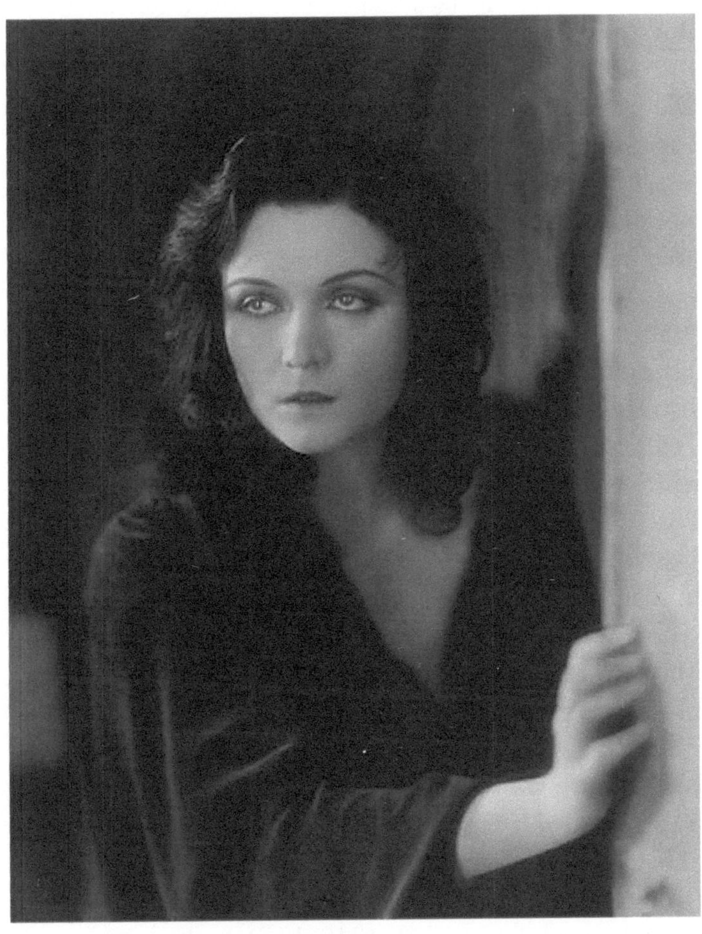

Pola Negri (1897–1987)

Buchhandlung als in einem Hollywood-Nachtclub vermutet hätte.

Die meisten der frühen Stummfilme von Theda Bara entstanden in den „Fox"-Studios in Fort Lee (New Jersey). Anfangs lebte Bara mit ihrer Familie in New York City. Der Aufstieg von Hollywood zum Zentrum der amerikanischen Filmindustrie zwang sie 1917, nach Los Angeles (Kalifornien) umzuziehen.

Während des Ersten Weltkrieges (1914–1918) besuchte Theda Bara viele Soldatencamps, legte Hunderttausende von US-Dollar in Kriegsanleihen an und spendete einen Teil ihrer Honorare für wohltätige Zwecke. Damals wurden Songs über sie geschrieben, ihr Gesicht zierte Postkarten und in Magazinen erschienen Storys über sie. Nach dem Ersten Weltkrieg versuchten auch andere Filmstudios, den Typs des Vamps zu etablieren.

Unerfreuliche Reaktionen rief der Film „Kathleen Mavourneen" (1919) unter der Regie von Charles Brabin hervor, in dem seine Ehefrau Theda Bara die weibliche Hauptrolle spielte. Irische und katholische Kreise protestierten gegen die Darstellung Irlands und nahmen auch daran Anstoß, dass eine jüdische Schauspielerin diese Rolle spielte. Nach Tumulten und Bombendrohungen wurde der Film abgesetzt.

„The Lure of Ambition" (1919) hieß der letzte Streifen, den Theda Bara für das Filmstudio „Fox" drehte. Danach verlor der Filmproduzent William Fox das Interesse an Theda, die den Höhepunkt ihrer Karriere bereits überschritten hatte, und ihr Vertrag wurde nicht mehr verlängert. Ohne die Unterstützung von „Fox" litt ihre Filmkarriere. Theda kämpfte damals erfolglos für bessere Filme und abwechslungsreichere Rollen. 1919 war sie am Broadway in New York City mit dem Stück „The Blue Flame" auf der Bühne erfolgreich Anfang der 1920-er Jahre gab es Erfreuliches in der Familie Goodman. Esther Goodman, die Schwester von Theda Bara, heiratete 1920 in London einen Mann namens Francis W. Getty.

Um 1920 malte der junge Künstler Theodore Lukits (1897–1992) ein Porträt von Theda Bara. Wo dieses Werk heute aufbewahrt wird, ist unbekannt. Theda war von ihrem Porträt so begeistert, dass sie Lukits dazu überredete, er solle nach Los Angeles ziehen, wo sie ihn fördern und in Filmkreisen einführen wollte. 1921 zog Lukits nach Los Angeles, hatte dort dank Theda bald gute Kontakt zu den „Fox"-Studios und malte einige „Fox"-Stars wie die Mexikanerin Dolores Del Rio (1905–1983).

1921 heiratete Theda Bara den in Liverpool (England) geborenen erfolgreichen Regisseur Charles Brabin (1883–1957), mit dem sie bis zu ihrem Tod zusammenblieb. Ihre Flitterwochen verbrachten sie auf der kanadischen Halbinsel Nova Scotia. Dort erwarben sie bei Harborville ein 40 Hektar großes Grundstück mit Blick auf die Bay of Fundy und errichteten ein Sommerhaus namens „Baranook". Die Ehe der Beiden blieb kinderlos. Angeblich ist Thea Bara von ihrem Gatten mit der Drehbuchautorin Frederica Sagor Mass (1900–2012) betrogen worden. Sie selbst blieb ihrem Mann treu.

Weil es ihren Ehegatten angeblich störte, dass sie weiterhin Karriere machte, trat Thea Bara nicht mehr oft in Filmen auf. Andererseits schwand zu Beginn der 1920-er Jahre bereits ihre Popularität. 1921 sah man sie im Stummfilm „The Prince of Silence". Die wohlhabenden Eheleute Brabin entwickelten sich zu wahren Globetrottern und unternahmen zusammen viele Reisen. Zu Hause zeigte Theda als Gastgeberin und Köchin großes Geschick.

In „The Unchastened Woman" (1925) gab es ein Wiedersehen mit Theda Bara im Kino. Ihr Mann Charles Brabin führte zeitweise Regie beim Stummfilm „Ben Hur" (1925). Die Filmkarriere von Theda endete mit der Selbstparodie in „Madame Mystery" (1926).

Lori Bara, die 1,64 Meter große Schwester von Theda Bara, war Mitte der 1920-er Jahre ebenfalls auf der Kinoleinwand zu sehen. Sie wirkte in „Buster Keaton – Seven Chances" (1925) und „Brand im Osten" (1926) mit.

Die meisten Filme von Theda Bara gingen am 9. Juli 1937 bei einem verheerenden Brand in einer Lagerhalle des Studios „Fox" in Little Ferry (New Jersey) verloren. Heute sind deswegen nur noch wenige komplett erhaltene Stummfilme von Thea vorhanden.

1949 planten der Produzent Buddy DeSylva (1895–1950) und das Studio „Columbia Pictures" einen Film über das Leben von Theda Bara. Für die Hauptrolle war Betty Hutton (1921–2007) vorgesehen. Doch dieses Projekt kam nicht zustande. Anfang der 1950-er Jahre spielte Marilyn Monroe für das Magazin „LIFE" in einer Fotoserie bekannte Sexsymbole der Vergangenheit". Eines davon war Theda.

1954 mischte sich Theda Bara in einen heftigen Streit zwischen der amerikanischen Schauspielerin Joan Crawford (1905–1977) und dem Magazin „Confidential" ein. Die Crawford kommentierte dies bissig mit den Worten: „Arme Theda. Niemand wusste, dass sie noch lebte".

Am 7. April 1955 starb Theda Bara im Alter von 69 Jahren in Los Angeles (Kalifornien) an Magenkrebs. Auf ihrer Sterbeurkunde steht das falsche Geburtsdatum 22. Juli 1892. Man setzte sie als Theda Bara Brabin auf dem Friedhof „Forest Lawn Memorial Park" in Glendale (Kalifornien) bei. Ihre Mutter Pauline und ihr Ehemann Charles überlebten sie beide jeweils um zwei Jahre und starben 1957.

Theda Bara ist mit einem Stern auf dem „Hollywood Walk of Fame" vertreten. Sie genießt den traurigen Ruhm, dass von keinem der dort vertretenen Stars mehr Filme verloren gingen als von ihr. Im April 1994 erinnerte man in den USA mit einer Gedenkbriefmarke zu 29 Cent, die von dem Karikaturisten Al Hirschfeld

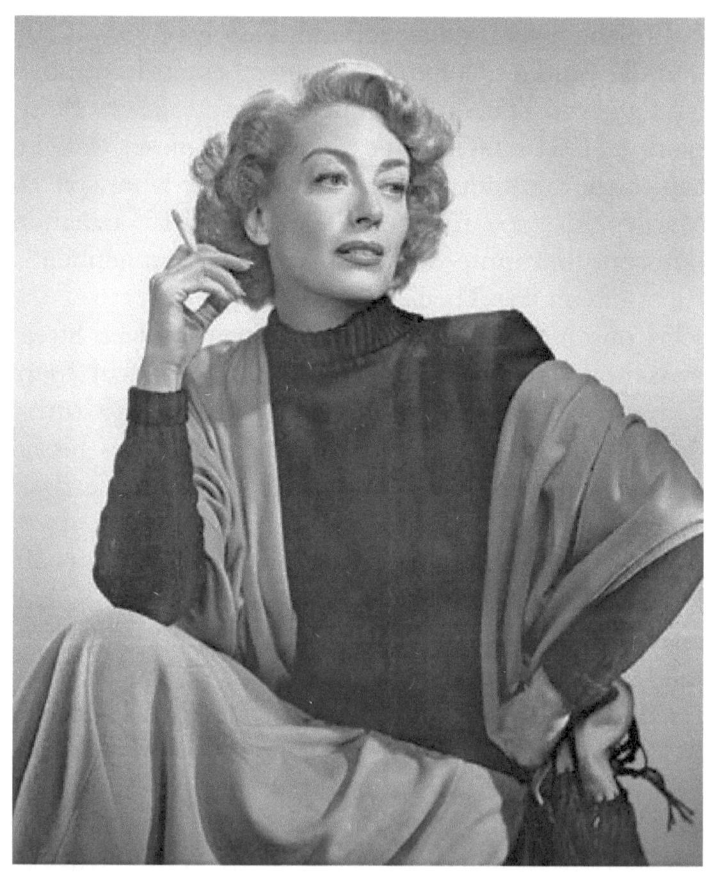

Joan Crawford (1905–1977)

(1903–2003) entworfen wurde, an sie. Diese Gedenkbriefmarke gehörte zu einer Serie von zehn Postwertzeichen, mit denen man Stummfilm-Stars ehrte. Louis Vuitton (1821–1892) benannte eine seiner edlen Taschen nach ihr.

In dem Buch „Kino. Die große Welt der Filme und Stars" (1995) von Derek Winnnert stand über Theda Bara wenig Schmeichelhaftes: „...es ist nur schwer verständlich, warum so viel Wirbel um sie gemacht wurde. Das blasse, plumpe Gesicht, der schwere Körper und das offensichtlich nur geringe schauspielerische Können wirken nur wenig ansprechend auf das heutige Publikum ..." 1996 sind über ihr Leben und Werk die Bücher „Theda Bara: A Biography of the Silent Screen Vamp, with a Filmography" von Ronald Genini und „Vamp: The Rise of Theda Bara" von Even Golden erschienen. Im Oktober 2005 wurde in Culver City die Filmbiografie „Theda Bara: Die Frau mit den hungrigen Augen" uraufgeführt. Im Mai 2006 benannte man in Fort Lee (New Jersey) den „Theda Bara Way" nach ihr. Eine Nahaufnahme ihrer Augen diente als Symbol des „Chicago International Film Award".

Filme von Theda Bara

(Auswahl)

1914: The Stain (eine Kopie dieses Films wurde in den 1990-er Jahren in Australien entdeckt)
1915: A Fool There Was (noch erhalten)
1915: The Kreutzer Sonata (verschollen)
1915: The Clemenceau Case (verschollen)
1915: The Devil's Daughter (verschollen)
1915: The Two Orphans (verschollen)
1915: Lady Audley's Secret
1915: Sin (verschollen)
1915: Carmen (verschollen)
1915: The Galley Slave (verschollen)
1915: Destruction (verschollen)
1915: Siren of Hell
1916: The Serpent (verschollen)
1916: Gold and the Woman (verschollen)
1916: The Eternal Sappho (verschollen)
1916: East Lynne (noch vorhanden)
1916: Under Two Flags (verschollen)
1916: Her Eternal Life (verschollen)
1916: Romeo and Juliet (verschollen)

1916: The Vixen (verschollen)
1917: The Tiger Woman (verschollen)
1917: Her Greatest Love (verschollen)
1917: Heart and Soul (verschollen)
1917: Camille (verschollen)
1917: Cleopatra (etwa 40 Sekunden sind im George Eastman House vorhanden)
1917: Madame Du Barry (verschollen)
1917: The Rose of Blood (verschollen)
1917: The Darling of Paris (verschollen)
1918: The Forbidden Path (verschollen)
1918: Salome (verschollen)
1918: When a Woman Sins (verschollen)
1918: Under the Yoke (verschollen)
1918: The Soul of Buddha (vermutlich ein Clip daraus vorhanden)
1918: The She Devil (verschollen)
1918: The Light
1919: A Woman There Was
1919: Kathleen Mavourneen
1919: La Belle Russe
1919: When Men Desire
1919: The Siren's Song
1919: The Lure of Ambition
1921: The Prince of Silence
1925: The Unchastened Woman (noch vorhanden)

1926: Madame Mystery (noch vorhanden)
1926: 45 minutes from Hollywood (noch
vorhanden)

Quelle: Wikipedia

Literatur

FEMBIO Frauen-Biographie-Forschung
http://www.fembio.org
INTERNET MOVIE DATABASE
(Film-Datenbank)
http://www.imdb.com
PROBST, Ernst: Superfrauen 7 – Film und Theater, Mainz-Kostheim 2001
PROBST, Ernst: Königinnen des Films, München 2012
PUBLIKUMSLIEBLINGE NICHT NUR VON GESTERN http://www.steffi-line.de
Internetseite von Stephanie D'heil, Düsseldorf
WIKIPEDIA (Online-Lexikon)
http://wikipedia.org
WINNERT, Derek (Herausgeber): Theda Bara. Aus: Kino. Die große Welt der Filme und Stars, S. 60, Niedernhausen 1995

Bildquellen

Klaus Benz, Fotograf, Mainz-Laubenheim: 32
Library and Archives Canada (Foto von Yousuf Karsh
(1908–2002) von 1948): 22 (Copy negative PA-212246)
Library of Congress, Prints and Photographs Division,
Washington (Foto um 1916): 8 (Reproduction Number:
LC-USZ62-113150)
Library of Congress, Prints and Photographs Division,
Washington (Foto von Theodore C. Marceau (1859–
1922): 15 (Reproduction Number: LC-USZ62-120172)
Library of Congress, Prints and Photographs Division,
Washington (Foto vom 26. Oktober 1918): 16
(Reproduction Number: LC-USZ62-88946)
Paramount Pictures (Foto von Eugenie Richee von
1926): 17
Reproduktion eines Fotos von Louis Feuillade (1873–
1925) von 1915: 14
Marc Heiko Ulrich, Hassel (Weser), Kunstzeichner.de:
1

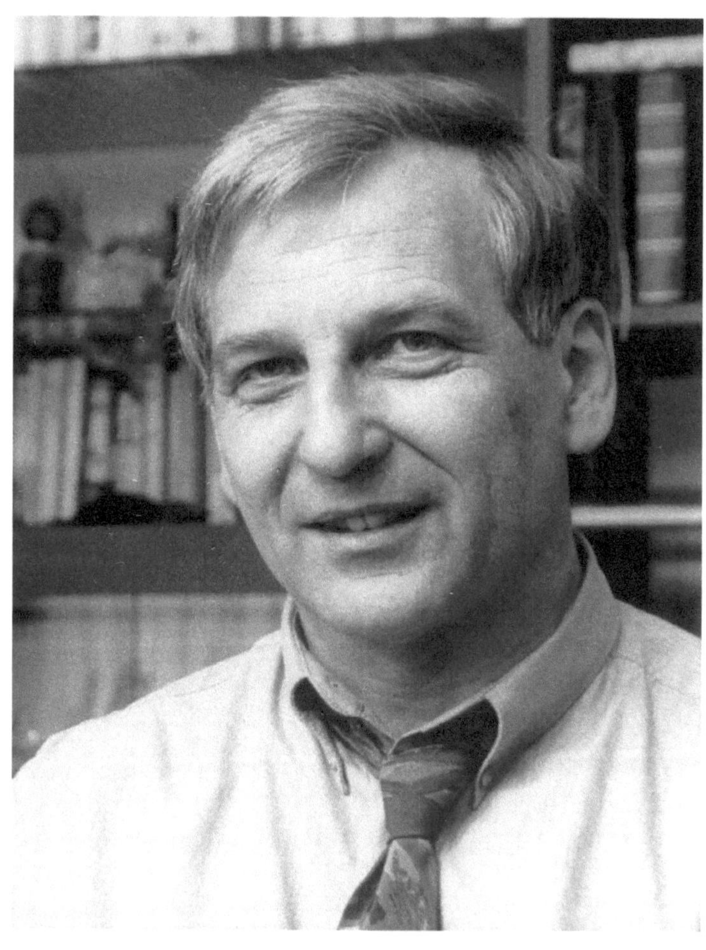

Autor Ernst Probst

Der Autor Ernst Probst

Ernst Probst, geboren am 20. Januar 1946 in Neunburg vorm Wald im bayerischen Regierungsbezirk Oberpfalz, ist Journalist und Wissenschaftsautor. Er arbeitete von 1968 bis 1971 als Redakteur bei den „Nürnberger Nachrichten", von 1971 bis 1973 in der Zentralredaktion des „Ring Nordbayerischer Tageszeitungen" in Bayreuth und von 1973 bis 2001 bei der „Allgemeinen Zeitung", Mainz. In seiner Freizeit schrieb er Artikel für die „Frankfurter Allgemeine Zeitung", „Süddeutsche Zeitung", „Die Welt", „Frankfurter Rundschau", „Neue Zürcher Zeitung", „Tages-Anzeiger", Zürich, „Salzburger Nachrichten", „Die Zeit", „Rheinischer Merkur", „Deutsches Allgemeines Sonntagsblatt", „bild der wissenschaft", „kosmos", „Deutsche Presse-Agentur" (dpa), „Associated Press" (AP) und den „Deutschen Forschungsdienst" (df). Aus seiner Feder stammen die Bücher „Deutschland in der Urzeit" (1986), „Deutschland in der Steinzeit" (1991) und „Deutschland in der Bronzezeit" (1996). Von 2001 bis 2006 betätigte sich Ernst Probst als Buchverleger sowie zeitweise als internationaler Fossilienhändler und Antiquitätenhändler. Insgesamt veröffentlichte er rund 200 Bücher, Taschenbücher, Broschüren und E-Books.

Bücher von Ernst Probst

(Auswahl)

Als Mainz noch nicht am Rhein lag

Annie Oakley
Die Meisterschützin des Wilden Westens

Archaeopteryx. Der Urvogel
aus Bayern

Christl-Marie Schultes. Die erste Fliegerin in Bayern
(zusammen mit Theo Lederer)

Cortés und Malinche. Der spanische Eroberer
und seine indianische Geliebte

Der Europäische Jaguar

Der Mosbacher Löwe
Die riesige Raubkatze aus Wiesbaden

Der Rhein-Elefant
Das Schreckenstier von Eppelsheim

Der Schwarze Peter
Ein Räuber im Hunsrück und Odenwald

Der Ur-Rhein
Rheinhessen vor zehn Millionen Jahren

Deutschland im Eiszeitalter

Deutschland in der Frühbronzezeit

Deutschland in der Mittelbronzezeit

Deutschland in der Spätbronzezeit

Die Aunjetitzer Kultur in Deutschland

Die Straubinger Kultur in Deutschland

Die Singener Gruppe

Die Arbon-Kultur in Deutschland

Die Ries-Gruppe und die Neckar-Gruppe

Die Adlerberg-Kultur

Der Sögel-Wohlde-Kreis

Die nordische Bronzezeit in Deutschland

Die Hügelgräber-Kultur in Deutschland

Die ältere Bronzezeit in Nordrhein-Westfalen

Die Bronzezeit in der Lüneburger Heide

Die Stader Gruppe in der Bronzezeit

Die Oldenburg-emsländische Gruppe

Die Urnenfelder-Kultur in Deutschland

Die ältere Niederrheinische Grabhügel-Kultur

Die Unstrut-Gruppe

Die Helmsdorfer Gruppe

Die Saalemündungs-Gruppe

Die Lausitzer Kultur in Deutschland

Eiszeitliche Leoparden in Deutschland

Frauen im Weltall

Hildegard von Bingen. Die deutsche Prophetin

Höhlenlöwen. Raubkatzen
im Eiszeitalter

Julchen Blasius
Die Räuberbraut des Schinderhannes

Katharina II. die Große.
Die Deutsche auf dem Zarenthron

Johann Jakob Kaup
Der große Naturforscher aus Darmstadt

Königinnen der Lüfte in Deutschland

Königinnen der Lüfte in Europa

Königinnen der Lüfte in Amerika

Königinnen der Lüfte von A bis Z

Rund 70 Kurzbiografien berühmter Fliegerinnen,
Ballonfahrerinnen, Luftschifferinnen,
Fallschirmspringerinnen, Astronautinnen und
Kosmonautinnen

Königinnen des Films

Königinnen des Tanzes

Königinnen des Theaters

Malende Superfrauen

Meine Worte sind wie die Sterne

Die Entstehung der Rede des Häuptlings Seattle
(zusammen mit Sonja Probst)

Monstern auf der Spur
Wie die Sagen über Drachen, Riesen
und Einhörner entstanden

Neues vom Ur-Rhein
Interview mit dem Geologen und Paläontologen
Dr. Jens Sommer

Sturzflüge für Deutschland.
Kurzbiografie der Testfliegerin Melitta Schenk
Gräfin von Stauffenberg
(zusammen mit Heiko Peter Melle)

Tony und Bruno Werntgen. Zwei Leben für die Luftfahrt
(zusammen mit Paul Wirtz)

Was ist ein Menhir?
Interview mit dem Mainzer Archäologen
Dr. Detert Zylmann

Weisheiten der Indianer

Wer ist der kleinste Dinosaurier?
Interviews mit dem Wissenschaftsautor Ernst Probst

Wer war der Stammvater der Insekten?
Interview mit dem Stuttgarter Biologen
und Paläontologen Dr. Günther Bechly

Zenobia von Palmyra.
Eine Frau kämpft gegen die Römer

Bestellungen bei: http://www.grin.com